Mi llamado a Cuba

Un Amor y una Misión

Luis E. Gutierrez

© Copyright by 2024 Luis E. Gutierrez
Todos los derechos reservados

ISBN: 9798334952522

Luis Ernesto Gutiérrez es un ciudadano guatemalteco entregado a la predicación del Evangelio de Jesucristo y a la tarea de hacer discípulos y cumplir la Gran Comisión dada por el Señor. Posee una licenciatura en teología con énfasis en misiones transculturales y un doctorado en discipulado personal y consejería bíblica del Victorious Christian Living Institute. Actualmente dirige las operaciones del ministerio Vida Cristiana Victoriosa en Cuba. Luis e Ivonne residen actualmente en la ciudad de Homestead, Florida, Estados Unidos.

Dedicatoria

Dedico este libro a mi esposa y a mis hijos
Christian Emanuel, Caroll Stephany,
Cari Annabella y David Osvaldo
quienes me han dado muchas razones
para sentirme el padre más afortunado

Agradecimientos

Agradezco por sobre todo a mi Señor Jesús por haberme
escogido para las misiones, a mi esposa que estuvo
dispuesta a acompañarme en esta aventura de fe y a todos
los que han sido parte de esta jornada llena de milagros.
Al pastor Harold Caballeros, a Steve Smith y a todos mis
maestros del ministerio
Vida Cristiana Victoriosa - Guatemala

INDICE

Introducción..8

Una vida nueva..9

El llamado a Cuba..19

Dios responde..30

La propuesta..32

La prueba...40

La boda..43

Nuestra preparación...46

Vida Cristiana Victoriosa en Cuba......................59

Nuestros 20 años en Cuba...................................60

Una cordial invitación..62

INTRODUCCION

Escribo este libro con la intención de darle la gloria a Dios, pues Él ha obrado grandes maravillas en mi vida y a través de ella. Espero que sea de bendición para muchos y motive a quienes anhelan ser usados por Dios en las misiones, llevando la Palabra de Dios, el Evangelio de la Salvación en Jesucristo, mediante la guía del Espíritu Santo.

Cuando mi esposa y yo hemos compartido nuestro testimonio, siempre nos han animado a escribirlo. Aunque no soy escritor, trataré de compartirlo con todos sus detalles, pues en cada uno de ellos pudimos ver la guía de Dios hacia Sus propósitos.

He leído algunos testimonios misioneros que hacen parecer el nuestro pequeño e insignificante; por eso no lo había escrito antes. Sin embargo, como mi objetivo es darle la gloria a Dios, aquí lo presento. Oro para que sea de bendición para quienes lo lean y que sus vidas se enriquezcan de alguna manera. Y, sobre todo, que el Eterno y Soberano Dios, nuestro Salvador, reciba gloria, honra y honor.

Una Vida Nueva

A finales de 1989, llegó a "Iglesia El Shaddai", en la ciudad de Guatemala, un hombre de 27 años hecho pedazos. Cargaba consigo las heridas de una relación rota y la profunda tristeza de no vivir con sus dos hijos, fruto de ese vínculo. Su vida estaba marcada por vicios, discotecas, fiestas y borracheras. Hijo de padres divorciados, se encontraba desorientado y perdido en el mundo.

Había iniciado estudios universitarios para ocupar productivamente el tiempo, mitigar el dolor de la separación y, además, preparase para el futuro. Sus padres se habían separado 10 años atrás: su padre vivía a 200 kilómetros al oriente del país, y su madre residía en ese momento en el estado de California, Estados Unidos. Sus dos hermanos, ocupados en sus propios asuntos, no podían brindarle apoyo en esos días tan oscuros.

Para empeorar las cosas, después de estar trabajando tres meses sin salario, con promesas de renovación de contrato, se encontraba en una situación financiera muy difícil. Al parecer, todas las circunstancias se habían confabulado en su contra. Lo agobiaba un profundo sentimiento de abandono, fracaso y soledad.

En el año 1989, continuaba estudios en la Universidad de San Carlos y trabajaba para la Municipalidad de Guatemala. Un día, Rolando Sanchinelli, un compañero de trabajo le invitó a una reunión en una casa cercana a la suya. Al llegar, le recibieron muy amorosamente los anfitriones:

Gina Fuentes, Eddy Velázquez y Juan Carlos Abril, quienes lideraban el grupo. Se trataba de una casa de oración a la que llamaban "célula". Ellos y las otras personas congregadas cantaban alabanzas a Dios y manifestaban una alegría y un gozo indescriptibles.

Luego, con mucho tacto y conociendo su trasfondo religioso, predicaron la Palabra de Dios, mostrando los versículos y explicándolos cuidadosa y profundamente. Al finalizar la reunión, le dijeron que Dios quería darle una vida nueva. Pensó: "La mía está hecha pedazos, quiero esa vida nueva", y entregó su vida a Jesús. Todos hicieron una oración y él no quiso quedarse callado. Oró a Dios diciéndole: "Señor, si es tu voluntad que asista a estas reuniones, que así sea. Amén". Ese hombre, querido lector, es tu servidor.

Desde septiembre de 1989, comencé a visitar la iglesia El Shaddai, donde pastoreaban los hermanos Harold y Cecilia Caballeros. La iglesia tendría unos 300 miembros.

El día 15 de marzo de 1990 me di por despedido de mi trabajo; el dinero se acababa y el 25 de ese mismo mes me bauticé. Había estado buscando trabajo y tratando que fueran recontratados mis servicios en la municipalidad, pero sin fruto. Tres días después, el 28 de marzo de 1990, encerrado en mi habitación y después de orar, no resistí más. Con un nudo en la garganta, con el corazón conectado a la boca, clamé al Señor. Le hice muchas preguntas, muchos "por qué", y llorando clamé a Él y me respondió.

Resulta muy difícil describir aquella experiencia. Habían sido horas de encierro y de llanto que, de inmediato, en un segundo, se tornaron en momentos de una hermosa paz. Una brillante claridad me rodeó y la dulce voz del Señor me hizo sentir que estaba a mi lado. ¡Me visitó el Señor Jesús! Aquel llanto ya no era más de angustia sino de gozo y de alegría, y el Señor, consolándome, respondió: "Aunque tu padre y tu madre te abandonen, yo siempre estaré contigo. No te dejaré ni te desampararé". Luego, continuó diciendo: "Te saqué de tierra de esclavitud, caminarás por el desierto y comerás el maná, y te llevaré a tierra que fluye leche y miel". En ese momento entendí que el Señor Jesús me había libertado de la esclavitud del pecado y que a partir de ahí caminaría un tiempo comiendo el maná de su Palabra.

El Señor también me dijo que cuando tuviera abundancia, que no me postrara frente a los dioses de los cananeos. Le pregunté: "¿Quiénes son los dioses de los cananeos?", y me respondió: "La fama, la fortuna y la dama". Esas palabras eran dirigidas a un niño recién nacido, a quien le faltaba mucho que aprender, crecer y madurar.

Desde esa "visita celestial", nació en mí un fuerte deseo de predicar y contar las maravillas que el Señor había hecho conmigo. Mi familia y amigos tenían que saberlo, que Jesús está vivo, que es real.

Para gloria de Dios, el día 4 de abril ya tenía trabajo en la empresa telefónica nacional. Y cuatro meses después, fueron requeridos de nuevo mis servicios en la Municipalidad de Guatemala, con un salario mucho mejor del que me habían dejado de pagar.

Mis primeros pasos en el Señor fueron increíbles. La lectura de la Biblia era tan reveladora, renovadora y transformadora. Sus páginas se abrían frente a mis ojos y el Espíritu de Dios me la mostraba tan claramente como nunca había leído libro alguno. La sentía como agua fresca en tierra árida y seca, como luz disipando las tinieblas.

En la iglesia no me perdía ninguna actividad; es más, todos los días bebía de la Palabra de Dios. Lunes y martes asistía al Instituto de Liderazgo; miércoles, al estudio bíblico; jueves, a la célula cerca de casa; viernes, al día de oración y vigilia en la iglesia; sábado, al grupo de jóvenes; y domingo, al servicio general. Al salir de la clase de Ministerios Prácticos, sentía que caminaba sobre las nubes. La gracia libertadora de Dios obraba milagros, desataba cargas pesadas y rompía ataduras de pecado. Solo una cosa lamentaba: no haber entregado antes mi vida a Jesús.

Por segunda vez abandonaba mis estudios universitarios, pero no lo lamentaba en absoluto; mi nueva vida en Cristo y mi crecimiento espiritual no eran negociables. No habría cambiado por nada todas aquellas bendiciones que estaba recibiendo. Asistía a la iglesia con avidez de llenarme de la Palabra de Dios y disfrutaba los momentos de adoración y alabanza.

Pasó un año y aquella congregación de 300 miembros creció hasta aproximadamente 1,200. Los servicios no podían ser mejores en toda su actividad: la alabanza, la adoración y la predicación, todo con excelencia. Para mí, hasta los anuncios estaban ungidos. Disfrutaba cada cosa y, después de la despedida y la bendición, ya anhelaba el próximo servicio de la semana.

Pronto conocí a muchas personas maravillosas. Aquella comunión y las conversaciones, todas ellas centradas en Cristo. La sabiduría estaba allí por todos lados y un amor fraternal que embriagaba. Desde que llegué, empecé a servir ayudando en lo que aparecía; empecé cargando las sillas plegables y recibiendo a los hermanos en la entrada.

El grupo de Oración

Pasó el año 1990 y aquella célula en la que había entregado mi vida a Jesucristo ahora me tenía como líder. La célula se multiplicó y varios de los hermanos se trasladaron a otras células más cercanas a sus casas. Nuestro grupo quedó formado por 8 personas. Cada jueves nos reuníamos, compartíamos la Palabra de Dios, merendábamos y orábamos unos por otros.

Una vez, mientras regresaba a casa caminando por la calle, pasé por un pequeño comercio de barrio donde se reunían los muchachos con quienes solía compartir antes. Todos ellos, con una cerveza en la mano, celebraron verme y de inmediato dijeron: "Una cerveza para Luis". Me quedé a compartir con ellos un rato, pero les dije: "Un refresco sí les voy a aceptar".

Yo no era el mismo, ellos lo notaron, y pronto empezaron las preguntas y se abrió el tema cristiano, al cual no me pude contener. Les conté mi testimonio, les dije lo maravilloso que es el Señor y sus milagros y bendiciones en mi vida y que no se trata de religión sino de una relación personal con Jesús. Me rodeaban como 10 muchachos y pasaron como 5 minutos para que solo quedara uno de ellos escuchándome. No me di cuenta de las tinieblas de las que me había sacado el Señor hasta que prediqué el evangelio. Solo le di gracias al Señor por su amor, su perdón y salvación. Algunos de esos amigos ya no están entre nosotros; sufrieron accidentes y enfermedades producidas por el alcohol y el consumo de otras sustancias.

En el año 1992 fui invitado a predicar a un grupo de jóvenes. Aunque compartía en un grupo pequeño, estar tras un púlpito era diferente, pero me preparé y comencé a juntar ideas y versículos de la Palabra de Dios. La homilética no formaba parte de mi preparación, yo no sabía siquiera que existía tal cosa. Para mí, lo que sí existía era la Biblia y el Espíritu Santo de Dios, así que tomé el lápiz y dejé que las ideas fluyeran de mi mente al papel.

Llegó aquel día y cuando todo estuvo listo, después de la alabanza y adoración, subí a la tarima, me paré tras el púlpito, saqué los apuntes y empecé a leer. Entre la lectura y las ideas que cruzaban por mi mente fuera de tiempo, formé un enredo con los versículos del que no pude salir. Sentí que fueron horas las que pasaban. Decía una cosa y pensaba en otra. Lo que dije al principio iba al final. Y terminé más confundido que los oyentes. Cuando terminé, solté un "gloria a Dios" y bajé de prisa pidiéndole a la tierra que me tragara. En ese momento no quería ver a nadie. Lamentablemente no pude desaparecer. Le doy gracias a Dios por los hermanos tan amorosos y comprensivos quienes me alentaron con unas palmadas en la espalda. Por supuesto que no me volvieron a invitar.

La célula que lideraba no dejaba mejor impresión. Siempre éramos los mismos ocho que empezamos. Invitábamos a otros, pero no crecíamos. En una reunión de líderes de la iglesia, el pastor, después de una elocuente predicación, comenzó a señalar a algunos líderes preguntándoles: "¿Cuántos miembros tiene tu célula, hermano?". Así continuó haciendo la pregunta a otros hermanos acercándose a mí; de inmediato me invadió un temblor y un sudor frío. "41", contestaba uno; "26", otro; "33", el de más acá; "23", "19", "30", y el pastor no dejaba de preguntar. Yo cada vez me achiquitaba, me encogía; pronto me tocaría responder y la tierra no me tragaba. De pronto, cambió de tema y continuó su locución, y yo por dentro alababa el nombre del Señor.

Ministerio de Restauración

Otro ministerio en el cual tuve el privilegio de servir fue el "Ministerio de Restauración", ahora "Ministerios Crecer", dirigido por el Dr. Luis Roberto Argueta. Durante dos años estuve llevando la Palabra a un grupo de hermanos en proceso de restauración después de una vida de alcoholismo. Asistían también personas de bajos recursos, sin hogar, y algunas personas destruidas por la drogadicción.

En algunas ocasiones acompañé a Luis Roberto a buscar a personas que se habían ausentado de los servicios. Buscábamos en las calles, en algunos bares, recogiendo a personas tiradas en las aceras, todo esto de noche, pidiendo la protección de Dios y su guía para poder encontrar a nuestro amigo. Después de encontrarlos, los conducíamos al centro de rehabilitación para brindarles un café y algo de comer. A veces, después del trabajo, salía al centro de restauración a compartir la palabra de Dios y algunos de los presentes se acercaban a mí por oración.

Con gozo les abrazaba, oraba y luego compartía con ellos, animándolos en todo momento a abandonar el alcohol y abrazar una vida de sobriedad y de gozo en el Espíritu Santo.

Agradezco a mi hermano Luis Roberto por darme la oportunidad de servir al Señor en tan hermoso ministerio, lleno de retos y hasta de peligros, transitando por zonas y lugares de alto riesgo.

El Ministerio de Hombres

En la iglesia, un grupo de hermanos se dedicaba a hacer eventos evangelísticos en el penthouse del Club Industrial, un edificio de 16 pisos en Avenida La Reforma, ciudad de Guatemala. El evento se realizaba los miércoles a las 6:00 a.m. El Señor me dio el privilegio de servir en este precioso ministerio donde vimos muchas vidas entregándose a Él. Los eventos eran gloriosos. Los ventanales dejaban ver casi toda la ciudad. A las casas y los edificios los bañaba una niebla refrescante. Una esfera anaranjada en el horizonte se levantaba iluminando el nuevo día. Las calles empezaban a recibir su flujo automotor. El aire era puro y fresco para una buena bocanada y estirada. Todo el panorama invitaba a alabar a Dios por su creación.

En el local, las mesas estaban ya vestidas de rojo y blanco, y las copas con agua, las tazas y el aroma del café le daban un toque distinguido al lugar. Los meseros con elegancia colocaban cuidadosamente los cubiertos mientras los invitados empezaban a llegar. El cóctel de frutas no dejaba a nadie parado; todos se sentaban a degustar aquel manjar y esperaban ansiosos el momento de empezar. Los hermanos que dirigían el evento me dieron el privilegio de encargarme del equipo de sonido. Consistía en dos bocinas con sus pedestales, un amplificador, un reproductor de casetes y una caja con cables y micrófonos. Estos debían estar correctamente conectados y en funcionamiento antes del inicio de la actividad.

Al iniciar el evento, el encargado invitaba a orar dedicando ese tiempo a Dios. Después sonaba la pista y un hermano con una hermosa voz entonaba una alabanza. Se podía tocar la presencia del Señor. Todo aquel ambiente acogedor y la música suave era inmejorable; el Espíritu Santo llenaba aquel lugar. Recuerdo no pocos rostros endurecidos y brazos cruzados ser tocados por el Señor. El machismo no dejó rodar muchas lágrimas, aunque muchos entregaron su vida a Jesús.

Fueron 5 años memorables los que serví en ese precioso ministerio. Algunas veces tuve el privilegio de ser el encargado de organizar el evento, invitar a los expositores y al predicador. Los testimonios de algunos hermanos eran impactantes y las predicaciones de 20 a 30 minutos, aunque cortas, tocaban los corazones. Al final del evento no terminaba mi trabajo. Todo el equipo me esperaba para ser desmontado, guardado y llevado otra vez a casa. Lo hacía con gran entusiasmo y amor para mi Señor.

Recuerdo que una vez el costo del servicio del desayuno fue de Q. 511.00 y por concepto de entradas solo habían ingresado Q. 310.00. Así que con otro hermano encargado de las finanzas oramos para que Dios proveyera el resto de la factura. Cuando pedimos la ofrenda voluntaria, aunque mi trabajo era el equipo de sonido, en esa ocasión me tocó contarla para darme cuenta de que el monto de las ofrendas ascendía a Q. 201.00.

El Señor es grande y le gusta mostrarse en pequeños detalles. En ese momento solo pude decir: "Gloria a Dios". Aprendí que muchas veces queremos ver milagros portentosos y hasta espectaculares, pero Dios siempre está con nosotros, aun en los detalles que consideramos pequeños y triviales.

Este pequeño libro está lleno de esos detalles simples, que pudieran pasar inadvertidos por muchos, pero a los que he aprendido a prestar atención, más aún cuando responden a la oración y el propósito de Dios.

El llamado a Cuba

La iglesia estaba llena de preciosos hermanos llenos de dones y talentos: algunos para la música, otros para el canto, otros eran excelentes predicadores, otros excelentes traductores. Le daba gracias a Dios por poner en mi vida hombres tan dignos de imitar. Todos eran una gran bendición para mí, empezando por el pastor, quien siempre decía en sus muy animadas y alentadoras predicaciones: "De Guatemala saldrán muchos misioneros para el mundo". Dentro de mi corazón, mi oración al Señor Jesús era: "Sí, Señor, envíame a mí, envíame a mí".

Tenía tantas ganas de predicar el evangelio, de salir de misionero, de anunciar las virtudes de aquel maravilloso Señor, mi salvador Jesucristo, pero para ser honesto, me faltaba mucho para alcanzar la altura de todos aquellos dotados, influyentes y talentosos muchachos. Me sentía tan chiquito e inútil y pensaba que, si en la iglesia escogieran misioneros, seguramente no estaría en esa lista.

Entonces oré así: "Señor, tú sabes que te amo y quiero servirte, pero no soy bueno para predicar. Permíteme regresar a la universidad, terminar mi carrera, hacerme de mejores ingresos y así apoyar a esos preciosos hermanos para que vayan de misioneros predicando tu palabra".

Inmediatamente después de orar, escuché un susurro, una voz dentro de mí que me decía: "Te enviaré a Cuba". En ese momento no pude discernir la voz de Dios. "¿Cuba?", me pregunté, "¿pero en qué locuras estoy pensando?".

Cuando pensaba en salir a las misiones, pensaba en cualquier país de habla hispana, menos en Cuba. De inmediato desestimé la idea, aunque me quedó la duda del por qué Cuba atravesó mi mente en un momento como ese, cuando oraba a Dios y precisamente cuando estaba renunciando a las misiones reconociendo mi poca idoneidad.

No mucho tiempo después entregué mi célula a la que asignaron otro líder y empecé a tramitar mi inscripción en la universidad para continuar con la carrera de Administración de Sistemas de Información. Solo me quedé sirviendo en el ministerio de hombres de la iglesia, ya que los eventos eran por la mañana temprano.

Dios empieza la obra

Transcurría el año 1993 y había iniciado mis estudios universitarios. Después de tres años en la iglesia y sirviendo al Señor me sentía mejor, más orientado; Dios había sanado mis heridas. Pensé estar mejor preparado para la vida y que era un buen momento para continuar y terminar la carrera. Las misiones y Cuba habían desaparecido de mi mente. Estaba dedicado a mi trabajo, los eventos de los miércoles, mis estudios y la iglesia los domingos.

La iglesia había crecido mucho, pasaba de los 3,000 miembros. Había un avivamiento increíble, hermosas manifestaciones del Espíritu de Dios, transformadoras predicaciones, una alabanza y una adoración casi celestiales. Esperaba ansioso la predicación, a ver qué mensaje traería Dios a mi vida. Disfrutaba cada versículo, cada palabra, cada oración.

Un domingo, pocos meses después, el pastor dijo: "Levante la mano el que quiera ir de misionero a Cuba". Inmediatamente levanté la mano y muchas personas conmigo. Como siempre lo había hecho en otras ocasiones. Ya era costumbre levantar la mano a preguntas similares. Luego dijo: "Traigan su pasaporte y $500.00 dólares para el trámite del boleto aéreo y la visa y pónganse en contacto con el hermano encargado". "¿Qué?", me pregunté... ¿$500.00 dólares? Mi mano cayó tan rápido como subió. Pensé que definitivamente las misiones no eran para mí. En ningún momento recordé lo que Dios me había dicho sobre Cuba.

Unos días después, un viernes, fui a la universidad y al llegar el aula estaba vacía. Un compañero me informó que no había clases, así que me dispuse a ir a casa, pero eran las 5:30 p.m., la hora del congestionamiento del tránsito. Me tomaría más de una hora en llegar, así que decidí esperar a que pasara la hora y hacer en 15 minutos el viaje a casa. Pero la iglesia quedaba en el sector, así que aproveché que los viernes se reunía el ministerio Clamor para orar e interceder, así que usaría bien el tiempo.

El salón de la iglesia estaba vacío cuando llegué, así que me puse a orar. Alrededor de las 6:45 de la tarde, unos hermanos comenzaron a llegar. Como era día de oración, supuse que los hermanos habían llegado a orar, pero ellos no dejaban de hablar, lo que no era habitual. Entonces me levanté, caminé hacia el otro extremo del salón donde ellos se encontraban y después de saludarlos me dijeron: "Hoy tenemos reunión los que vamos para Cuba". Dando la vuelta de inmediato regresé a mi lugar de oración al otro extremo del salón.

Unos pocos minutos después apareció el encargado de la organización del viaje, el Lic. Oscar Benítez. Todos se sentaron, y el encargado empezó a darles algunas instrucciones. Por la distancia no lograba escuchar exactamente lo que decían; además, yo estaba inmerso en mi tiempo de oración. Lo curioso es que yo estaba donde se supone no debía estar. ¿Me encontraba en ese mismo salón casualmente?

Como estaba con los ojos cerrados, no me percaté de que el Arq. Guillermo Noguera había dejado la reunión, cruzó el salón hacia donde yo estaba y, tocando mi hombro, me preguntó: "¿Tú quisieras ir a Cuba?". Yo le respondí que sí, pero que quizás en otra ocasión pues no tenía el dinero para hacer el viaje. Después de darme aliento y animarme para ir, regresó a su lugar. No habían pasado 5 minutos cuando otra vez tocaba mi hombro y me animaba a ir en ese viaje misionero. A lo que respondí nuevamente que no tenía el dinero para los gastos del viaje. "Sigue orando" fue su respuesta y volvió a su lugar en la reunión. Pero cuando Dios se propone algo no hay quien lo pare, entonces, Guillermo regresó de nuevo a donde yo estaba y me dijo: "Ve para Cuba, yo pagaré tu viaje". Entonces le respondí: "No, mi hermano, de ninguna manera, no tienes que hacer eso". Pero él insistió. No tomé tan en serio sus palabras; ese día regresé a casa sin hacerme ilusiones.

En el transcurso de esa semana recibí una llamada de la iglesia para pedirme el pasaporte y decirme que mi viaje había sido pagado. Con una actitud normal me presenté en la iglesia con mi pasaporte, pero no experimenté ninguna emoción. A la siguiente semana el encargado me entregó el pasaporte, un boleto aéreo y una visa; yo no me inmuté, pensando en mi trabajo y otras responsabilidades, di la vuelta y regresé a casa como si nada estuviera pasando.

El día 30 de junio de 1993 me presenté temprano al aeropuerto solo con mi equipaje de mano, me entregaron dos maletas llenas de donaciones, hice el chequeo, pasé por migración y abordé el avión. A todo esto, yo me sentía normal, indiferente. Dios obraba y no me estaba dando cuenta.

De repente, estando sentado en aquel avión, antes de despegar, pensé: "Un momento, ¿a dónde voy?". Entendí que fue Dios quien me había dicho: "Te enviaré a Cuba", y empecé a atar algunos cabos: un día que no hay clases en la universidad, que para evitar el tránsito pesado voy a la iglesia, "casualmente" el mismo día y a la misma hora cuando se reunirían quienes irían a Cuba de misioneros y un hermano que ni me conoce bien, paga mi boleto. ¿Qué está pasando? ¡Esto es un milagro!

Hasta entonces me di cuenta de lo que Dios estaba haciendo. En ese momento sentí una emoción tan grande, una alegría, un gozo y mucha expectación. En mi corazón pregunté al Señor: "¿Qué vas a hacer en Cuba? ¿Vas a darle vista a un ciego? ¿Vas a darle oído a un sordo? ¿Vas a sanar a un cojo? ¿Vas a resucitar a un muerto?". No paraba de preguntar. Solo empecé a darle gracias a Dios y fue entonces que comprendí que aquella voz no eran cosas mías, aquel pensamiento que había penetrado y cruzado mi mente venía del Señor. ¿Qué pasaría en Cuba en este viaje? ¿Qué es lo que el Señor hará? Dios me estaba enviando a Cuba como lo había dicho meses atrás.

Llegando a Cuba

Llegamos a Cuba en un avión alquilado, no había vuelos comerciales para entonces. El avión iba casi lleno, pero solo 40 personas íbamos como misioneros. Durante el vuelo pude notar que un pasajero que no era parte de la tripulación no se sentaba y no paraba de hablar con varios pasajeros; esta persona era calva, por lo que me pregunté: "¿Ese calvito por qué no se sienta?". Al salir del aeropuerto nos condujeron al Hotel Tritón donde nos hospedamos esa noche. El encargado nos reunió para darnos algunas instrucciones y cumplir así con la ley cubana. Al día siguiente por la mañana fuimos repartidos en grupos de tres. Varios pastores se presentaron para recogernos y llevarnos a sus respectivas iglesias. No pasó mucho tiempo y Anabella Flores, Sergio Guillén y yo salimos con el pastor Alberto Carlos González para la iglesia Biblia Abierta de Rancho Boyeros en la misma Ciudad de La Habana.

En el transcurso del viaje al hotel y del hotel a la iglesia pudimos apreciar la ciudad. Se encontraba en un difícil periodo de crisis económica llamado "Periodo Especial". El parque vehicular era escaso y los pocos carros que pude ver eran antiguos; los más modernos, de la década de los 70, eran carros rusos, algunos buses y camiones. Hicimos algunas paradas en los semáforos y pude ver a las personas esperando transporte, entre ellas algunas jovencitas estudiantes, hombres mayores y algunos ancianos.

Ya habían pasado más de 5 años desde que se rompió la relación con la madre de mis hijos. Durante esos años no tuve otra relación, y aunque deseaba casarme, quería estar muy seguro de lo que iba a hacer. Tuve tres intentos fallidos de iniciar una relación de noviazgo. Yo pedía a Dios una esposa, pero no respondía. Y después de recibir 3 "batazos" desistí. Pensé que quizás el matrimonio no se hizo para mí. Finalmente oré a Dios diciendo: "Señor, me quedo soltero, al fin, yo te necesito solo a ti, tú eres suficiente para mí".

Desde ese día cambié mi oración. Ya no pedí más una esposa sino ser yo un hombre conforme a la voluntad de Dios. Así que me propuse no buscar más y le pedí al Señor que pudiera ver a las mujeres como a hermanas.

Al llegar a casa del pastor, conocimos a su esposa y a sus tres hijas. Nos pasaron adelante e iniciamos una grata conversación; conocimos también al esposo de la hija mayor, al novio de la segunda y a la tercera, una niña de 9 años.

Compartimos acerca de nuestro encuentro con el Señor y la forma tan maravillosa como lo habíamos conocido. Ellos también nos compartieron muchas experiencias de su ministerio. Al preguntarnos sobre nuestra vida, no podía faltar la pregunta: "¿Eres casado o soltero?". Una pregunta muy natural. "Soltero", respondí. La segunda pregunta no la esperaba de un pastor. También era una pregunta muy natural, solo que no pensaba que un pastor me la haría de esa manera. "¿Cómo te gustan las mujeres?", preguntó. Él quería ir rompiendo el hielo y que nuestra relación fuera entrando en familia. Pasaron unos segundos y como yo no respondía, comenzó a describir a una joven muy amiga de sus hijas. "Presentémosle a Ivonne", dijeron. Yo no había venido a eso; recordé mi oración al Señor y las instrucciones que recibimos: "No prometan algo que no puedan cumplir", así que pensar en noviazgo estaba para mí totalmente descartado.

Durante el viaje del aeropuerto al hotel, recién llegados, en una parada de buses vi a unas jóvenes. Allí mismo resolví dejar un buen testimonio de mi iglesia, de mi país y mi persona. Así que las mujeres estaban fuera de mi agenda.

Con el pastor visitamos la casa de varios miembros de la iglesia donde compartimos y oramos. Como el viaje era de solo 5 días, los aprovechamos bien. Ese mismo día por la tarde una jovencita delgada de 18 años, agradable, vestida de una manera muy sencilla llegó a casa del pastor. "Ella es Ivonne", dijo y nos presentaron. Nos saludamos con un beso en la mejilla como acostumbran y continuamos nuestra conversación con el pastor e Ivonne saludó a sus amigas Annet, Amy y Yoanna.

En esos pocos días, hicimos algunas visitas, salimos a conocer la ciudad, fuimos de compras y cuando regresamos a la casa pastoral, allí estaba Ivonne. Compartimos muchas cosas con toda la familia pastoral, entre ellas, mi relación pasada y mis dos hijos. Les comenté cómo había resuelto esperar el tiempo de Dios para iniciar una relación. Pero, algo estaba sucediendo.

Ivonne, por su parte, llegaba a la casa sin ningún interés; allí había crecido, era como su propia casa. A medida que pasaban aquellos pocos días, salimos varias veces con las hijas del pastor e Ivonne a dar paseos por el barrio y por las noches en la iglesia. En dos ocasiones acompañamos a Ivonne a su casa donde conocí a Anita Lamas, su mamá, quien me brindó un delicioso mango en una de esas visitas.

Por un momento, pude darme cuenta de que las hijas del pastor y Anabella rumoraban diciendo: "este arroz ya se coció". Yo me preguntaba: "¿De qué estarían hablando? ¿Acaso me perdí la clase de cocina cubana?".

Llegó el sábado, nuestro último día. Anabella había comprado un lapicero típico guatemalteco, de esos que tienen enrollado un cordel de varios colores. Algunos dicen "Guatemala", otros, diferentes frases, pero este en especial decía: "te amo". Anabella no dudó en dármelo para que yo se lo regalara a Ivonne. Para ser honesto, no soy un Don Juan, con un temperamento súper introvertido, después de 10 minutos de vacilación (y de casi desgastar el piso de tanto ir y venir), me acerqué a Ivonne y extendiendo la mano le dije: "te regalo". Ella tomó el lapicero, lo vio y, dándome un beso en la mejilla y con una sonrisa, dijo: "Qué lindo, gracias". Yo, mientras tanto, intentaba no desmayarme.

Por la noche, en el culto, me gocé con la alabanza. No me sabía todos los cantos, pero estaba tan contento de estar allí, aun me preguntaba: ¿Cuál será el propósito de Dios? Me había sentado en el primer banco y alabábamos todos al Señor. Luego llegó Ivonne y se paró a mi lado. Cuando la vi, no hubo velo que me impidiera ver su belleza; de hecho, creo que hasta los ángeles se pusieron celosos. Aquella niña sencilla, con espejuelos, con pelo suelto, ahora estaba allí con sus mejores galas. Los lentes de contacto dejaban ver sus bellos ojos verdes, su pelo trenzado y su vestido floreado no la dejaban pasar desapercibida. No pude quedarme callado, le dije lo hermosa que es y continuamos juntos alabando al Señor, pues estábamos en pleno tiempo de alabanza.

Yo descartaba toda posibilidad de alguna relación, pero Dios tenía otros planes. Durante la alabanza y pasando a un tiempo de adoración, el Señor me habló. Otra vez un pensamiento cruzó mi mente como un trueno interrumpiendo toda la concentración del momento. El Señor me dijo: "Tú vendrás de misionero a Cuba, la muchacha que tienes al lado es tu esposa".

Inmediatamente descarté tal idea, pero alzando mis ojos al Señor le dije: "Señor, yo no tengo dinero para tal cosa", y él me respondió: "¿Y quién te dio el dinero para que vinieras? ¿No fui yo?". Le respondí: "Señor, que sea como tú quieras". Todo esto lo guardé en mi corazón. No se lo dije a nadie más. Al finalizar el culto, con las hijas del pastor, acompañamos a Ivonne a su casa a tres cuadras de la iglesia y nos despedimos.

El domingo por la tarde era nuestro regreso a Guatemala. Después de participar en el culto dominical, arreglamos nuestras cosas y nos dirigimos a pie al aeropuerto, que estaba a pocas cuadras. Ivonne, sus amigas y el pastor nos fueron a despedir. Cuando se abrieron las puertas automáticas y entramos, allí se encontraban los otros hermanos que habían viajado, y todos voltearon a vernos. Para mí todo estaba normal, pero ellos se comportaban de manera extraña, y nos miraban repetidamente. (Después de que nos casamos, varios de los que estaban allí presentes nos confesaron que cuando nos vieron entrar al aeropuerto supieron que algo iba a pasar entre nosotros. El Señor les había confirmado su voluntad).

Cuando nos despedimos, cruzamos direcciones y le dije a Ivonne: "Voy a estar orando por ti", pero como si se lo hubiera dicho a cualquier persona. No quería hacerme ilusiones ni crear falsas expectativas. Al abordar el avión y sentarme, pensé lo bonito que había sido todo, lo linda que es Cuba, lo linda que es Ivonne, pero aquí terminó todo esto.

Llegamos al Aeropuerto La Aurora, ciudad de Guatemala. Allí varias personas habían llegado a recibir a sus familiares. Los abrazos, los besos, los testimonios y las hermosas historias comenzaron a salir. Había sido un viaje especial y de muchas sorpresas no solo para mí sino para la mayoría del grupo. Los hermanos comenzaron a abordar sus automóviles, el grupo se hizo pequeño y de repente un hermano que no viajó y llegó a recoger a su hermana, me pregunta en voz alta desde su carro: "Luis, ¿es cierto que te vas a casar con una cubana?"

Todos los que quedaban allí me voltearon a ver. Por lo visto ya se había corrido la voz. Yo daba todo aquello por terminado y mis amigos ya me estaban casando. Ellos tenían mucha más fe que yo. Dios estaba confirmando en sus corazones Su propósito. Aprendí que en el matrimonio debe haber amor, pero se basa en la voluntad de Dios, y esta voluntad se refleja y la confirman otros.

Dios responde

Pasaron pocos días y un miércoles al llegar a casa, orando al Señor le dije: "Señor, si es tu voluntad que vaya a Cuba de misionero y es Ivonne la esposa que tienes para mí, ayúdame, dime lo que tengo que hacer". Dos días después, el viernes al mediodía, caminaba por la séptima avenida de la zona cuatro frente al centro financiero industrial cuando vi a una persona que me parecía conocida. Caminábamos en sentido contrario por lo que nos íbamos a cruzar. Como él no tenía pelo yo pensé: "A este calvito yo lo he visto en algún lado".

Cuando nos cruzamos lo saludé y él, después de contestar el saludo, me preguntó: "¿De dónde nos conocemos?". De inmediato él mismo volvió a preguntar si yo pertenecía a la iglesia El Shaddai y si había viajado recientemente a Cuba, a lo que respondí que sí, e iniciamos una conversación donde hablamos de la isla. Manuel era el operador turístico que contrató el avión en el cual viajamos. Por eso me parecía conocido, pues en el avión no dejaba de hablar con los pasajeros. Me contó de los viajes que había hecho y de algunos negocios que estaba emprendiendo, incluso me contó de su boda con una cubana.

Cuando mencionó esto le pregunté qué se debía hacer para casarse allá y comenzó a darme todas las instrucciones, trámites, papeles, en fin, todo lo necesario. Le comenté que en ese viaje yo había conocido a una muchacha, a lo cual, muy emocionado, me ofreció toda su ayuda. Me dio su tarjeta personal y nos despedimos.

Para variar, flemático y lento para procesar, no me di cuenta sino hasta el siguiente día de lo que había sucedido. El sábado, orando y recordando el encuentro, me di cuenta de la respuesta de Dios. Me había cruzado "casualmente" en una ciudad de tres millones de habitantes, con una persona que conocía y me compartió todos los trámites necesarios para casarse en Cuba. Era un milagro, era una respuesta clara. En 1993 no sabía de nadie que siquiera viajara a Cuba por algún interés. No existían relaciones entre ambos países. La comunidad cubana en Guatemala era muy escasa. El Señor había respondido.

De inmediato me puse a orar y dar gracias a Dios por la respuesta. El hermano, pues era miembro de Iglesias Verbo, me compartió que para los trámites necesitaría aproximadamente $1,000.00 USD; él había gastado $1,100.00 USD pues había preparado una fiesta con la familia. Así que oré: "Señor, si tú quieres que vaya a Cuba de misionero e Ivonne es la esposa que tienes para mí, dame $1,000.00 USD. Gracias, Señor".

Quince días después, en mi lugar de trabajo había renunciado el director del centro de cómputo. El gerente de la empresa me ofreció la plaza, la cual duplicaba mi salario. Acepté tal oferta y luego me dijo que me pagarían las prestaciones laborales hasta la fecha. Tomé posesión del nuevo cargo y, tomando una calculadora, sumé lo correspondiente a tres años trabajados, vacaciones y otros beneficios. Al calcular, mis ojos no lo podían creer; sumé y calculé de nuevo, no había errores, la suma era exacta: Me pagarían la suma de $1,100.00 USD. ¡Maravilloso es el Señor y digno de suprema alabanza! Hasta para una fiesta proveyó el Señor.

La Propuesta

Con el salario anterior, si deseaba viajar a Cuba, debía ahorrar con sacrificio durante un año para viajar una sola vez. Con este nuevo salario, podía viajar cada dos meses. No dejaba de alabar a mi Señor, de darle gracias y de compartir con otros estas cosas. Pero necesitaba otro milagro, faltaba el más importante: que esa preciosa chica cubana aceptara casarse con este guatemalteco. Así que oré a Dios: "Señor, si es tu voluntad que vaya a Cuba de misionero e Ivonne es la esposa que tienes preparada para mí, que me acepte en matrimonio". Alentado por Dios me dispuse a escribir. Ivonne me había escrito dos cartas amistosas y yo no le respondía. Sus cartas llegaron un mes después de ser escritas. En ellas Ivonne no me insinuaba nada y por otro lado yo no quería dar pasos en falso, pero me tocaba el momento de responder y yo tenía dos preciosas respuestas de Dios. Era el momento de actuar.

Le doy gracias a Dios que tuvo que ser por carta. No me hubiera atrevido a estar cara a cara. Pero era necesario dar pasos con fe. Tomé papel y lápiz, y después de compartirle algunas cosas, en una hermosa postal, le propuse matrimonio expresándole mi decisión de amarla todos los días de mi vida. Fui a la empresa de correo internacional y la envié. El primer correo que recibía de mí era de matrimonio. En frío y sin muchas vueltas, al grano y sin que se me quedara nada por dentro, le pedí que se casara conmigo. Recuerdo que puse la carta un día 12 de agosto de 1993. Ahora debía esperar por lo menos un mes y medio por su respuesta.

El siguiente domingo, un 15 de agosto, Anabella, quien había viajado y con quien habíamos asistido a la misma iglesia en Cuba, recibió una carta de Ivonne. Quizás la recibió el mismo día 12 de agosto, no sé, pero sí recuerdo que ese domingo Anabella se acercó muy feliz, con una carta en su mano, diciéndome con insistencia: "Ivonne me escribió, la tienes que leer, la tienes que leer".

Yo estaba esperando carta de Ivonne dentro de un mes. Esperaba ansioso su respuesta, pensaba que sería un largo mes de nervios e incertidumbre. Pero Dios es bueno, no me dejó pasar por eso. Al leer la carta, Ivonne compartía con Anabella que si yo le proponía matrimonio ella aceptaría. No podía expresar mi emoción, solo daba gracias a Dios.

Los padres de Ivonne estaban integrados a la sociedad cubana. Su papá fue a la guerra en Etiopía, también realizó estudios en Rusia, tenía un trabajo estable y una economía que le permitía brindarle a su familia una vida decorosa. Su mamá, cristiana desde su niñez, presentó a Ivonne al Señor cuando tenía 3 meses de nacida, y también trabajaba y se desempeñaba como ama de casa y madre. Ellos le brindaron a Ivonne firmes valores familiares. Enfrentar la idea de que su única hija se casara con un extranjero y viajara a otro país sería algo duro. Quizás Ivonne con su temperamento sanguíneo hizo algo sin medir las consecuencias. Sus padres también tenían parte en el asunto, ellos podrían negarse y oponerse, aún las cosas podían cambiar. Pero yo seguí confiando, seguí orando, y esperando. Casi un mes después recibí carta de Cuba, Ivonne estaba decidida, ella se casaría con este guatemalteco.

Pasaron agosto y septiembre, nos escribimos algunas cartas y mantuvimos contacto, pero compartiendo con un amigo, este me aconsejó que escribiera también a sus padres. Tenía razón, debía tocar la puerta delantera, como un caballero. Entonces tomé papel y lápiz y les compartí a los padres de Ivonne que ella y yo estábamos hablando de matrimonio, pero que yo no daría el paso sin contar con su aprobación y su bendición. En la carta escribí: "Si ustedes aprueban y bendicen nuestra relación entonces nos casamos, pero si no, sin pena, aquí en Guatemala me quedo". Oré a Dios y puse la carta en el correo. Esta vez no tenía muchos nervios. Estaba más tranquilo. Era un paso importante, y aunque en cierta forma corrí un riesgo, sabía que someter esta decisión honraría a sus padres y expresaría la voluntad de Dios.

Un mes y pocos días después recibí carta de Anita, la mamá de Ivonne. En ella compartía muchas cosas, y entre ellas me escribió: "Lo que queremos para nuestra hija es un hombre cristiano, sea del país que sea, bendigo su relación y matrimonio, tú vas a ser el hijo que yo no tuve". Ivonne era su única hija.

Pasaron los meses de octubre y noviembre de 1993. Como no había vuelos comerciales, debí esperar hasta finales de diciembre, cuando salía un vuelo alquilado para pasar el año nuevo en Cuba. En este viaje aprovecharía para pedirle a Ivonne que se casara conmigo, cara a cara, y también pedir su mano a sus padres.

En mi trabajo dirigía el centro de cómputo de la empresa municipal de agua. Como se acercaba la fecha de viaje, solicité permiso para ausentarme durante algunos días y mi jefe inmediato accedió. "Deja todo en orden", me dijo y me preguntó: "¿A dónde vas a viajar?". Le respondí, y volvió a preguntar: "¿Qué vas a ir a hacer a La Habana?". No me dio tiempo de abrir la boca cuando ya estaba preguntando: "¿No me digas, te vas a ir a casar?". "Algo así", le respondí. No había compartido con él nada al respecto de casarme en Cuba. Otra vez el Señor confirmaba su voluntad.

Todos estos pequeños detalles eran muy importantes para mí; cada uno de ellos me mostraba la voluntad de Dios. Después de haber renunciado al matrimonio, pensé que ahora era Dios quien me perseguía para casarme. Recordé lo que Adán hacía cuando Dios le preparaba a su mujer: "dormía". Aprendí a descansar y esperar en Dios.

La iglesia cada día crecía más. El acceso al pastor se hacía cada vez más difícil. Así que pensar en contarle todas estas cosas estaba fuera de los planes. Un domingo, cuando servía dentro de la iglesia, cerca de la entrada, pasó el pastor. "Harold", le llamé y le dije: "Por favor, ora por mí, haré un viaje a Cuba y estaré compartiendo con algunos hermanos allá". "Está bien, hermano", respondió. No había dado tres pasos adelante cuando se volteó y me dijo: "A ver si Dios te da una esposa por allá". "Ya es demasiado", pensé decirle a Dios: "Está bien, Señor, me voy a casar", pero en su lugar le dije: "Muchas gracias, Señor, muchas gracias".

El Señor estaba obrando en mí, me estaba mostrando su poder, su bondad y su amor. Nuestro matrimonio sería lo que Dios usaría para que fuera posible una labor misionera permanente en la isla. La boda y el ministerio eran obra de

Él. Lo estaba preparando todo de antemano para que Ivonne y yo caminásemos en Sus obras.

Estos hermosos detalles los escribí de forma breve en un papel y, para darle la gloria a Dios, el siguiente domingo lo compartí con mi hermano pastor. Al darle la nota, la puso en el asiento de su carro. Por un momento pensé que no la leería, pero en el segundo servicio de esa mañana de domingo, Harold hizo algo que no me esperaba: leyó el testimonio delante de toda la congregación. Más de 3,500 personas alababan al Señor llenas de gozo; el testimonio les impactó a todos. Después del servicio, algunos jóvenes solteros me abordaron para pedirme insistentemente: "Ora por mí, hermano, dame la unción". Por supuesto que todo esto no se trata de estar ungido, pero era una forma de hablar entre los hermanos de la iglesia.

Algunos de todos estos hermosos milagros que venían rodeando nuestra relación y futuro matrimonio comenzaron a circular dentro de un pequeño grupo de amigos cercanos. Uno de ellos, mi hermano el Arquitecto Roberto Mancio, me preguntó las medidas de Ivonne. Dios estaba poniendo en su corazón prestarme el vestido de novia de su esposa Sigrid. Después de darle algunos detalles más o menos como quien no sabe nada en absoluto de costura, decidió prestarme el vestido. Recuerdo el domingo cuando lo sacó de su automóvil para dármelo; me lo entregó casi en la puerta de la iglesia donde convergían los hermanos que estaban entrando. Cuando lo tomé, di las gracias. No sé de cuántos colores me puse cuando me dirigí de prisa a guardarlo frente a la mirada curiosa de varios hermanos.

Se acercaba el día 27 de diciembre, pasaría 7 días en la isla. Ya tenía todo preparado: zapatos de raso blanco, medias, anillo de compromiso, vestido y el velo. Por mi parte no llevaba nada. La boda no sería en este viaje. Le llevaba todo esto para que le hicieran los ajustes necesarios al vestido. Sabía que sería un motivo de alegría para Ivonne. Toda mujer sueña con su día de bodas, así que, después de pedirle matrimonio y luego de ella aceptar, entonces vería su vestido.

Aquel día 27 llegó. Abordé el avión, vinieron a mi memoria los recuerdos de vuelos, despegues, aterrizajes, hasta los vuelos rasantes en el aeropuerto de San Benito, Petén, sobrevolando las pirámides de Tikal en un C-47 con mi papá, hasta que me asaltó un pensamiento: de qué manera me aproximaría a Ivonne, en el momento de momentos, aquel del primer beso. Qué nervios, y ahora, ¿qué hago?, me pregunté. Hasta que recordé: "A las jovencitas como a hermanas". Decidí no hacer intento alguno de besarla, tomaría ventaja de mi temperamento súper introvertido.

Llegué al aeropuerto José Martí, ciudad de La Habana. Después de hacer el chequeo migratorio, me dirigí a la salida y allí me esperaban Ivonne y su familia. Un saludo afectuoso, beso en la mejilla, saludé a Anita y conocí a Osvaldo Chao, su papá. Abordamos un Moskvitch blanco, y a 7 cuadras llegamos a su casa. Allí tuve el gusto de conocer al resto de la familia.

Entre los saludos, las presentaciones y las maletas, donde había llevado para compartir algunas delicias chapinas, recuerdos y regalos, pasaron las horas, anocheció y aquel día ajetreado venció. Me prepararon una cama y a dormir.

Al día siguiente empezamos las visitas a los amigos, conocí a otros amigos y familiares, disfrutamos de los dones culinarios de Anita hasta que llegó la tarde. Sentados en el portal platicamos hasta que llegó la hora de la verdad. Los nervios no me ayudaban para nada. El anillo de compromiso esperaba en la bolsa de mi pantalón. Hasta que encontré el momento para abrir el tema y proponerle matrimonio. No le di muchas vueltas al asunto, fui claro y directo. Saqué el anillo de compromiso y tomándolo entre mis manos dije: "Ivonne, yo vine para que nos conociéramos más y podamos tomar una decisión firme acerca del paso que vamos a dar, aunque yo ya estoy decidido a amarte todos los días de mi vida y quiero que seas mi esposa".

Ivonne, de un temperamento sanguíneo, alegre y vivaz, no dijo nada, se levantó de su asiento que estaba frente al mío, se sentó conmigo en el mismo sillón y no dejaba de besarme y decirme "te amo, te amo, te amo". Fue un momento especial, lleno de verdad, de amor, de afirmación, de compromiso y bendición.

Al día siguiente hablamos con los padres. Después de compartir algunos aspectos de mi vida, pedí la mano de Ivonne en matrimonio. Osvaldo, un hombre de 1.90 metros de estatura, delgado y de apariencia muy seria, me dijo con una voz entrecortada y con unos ojos celestes claros cargados de lágrimas que no quiso dejar rodar: "Llévatela, hijo, llévatela, cásate con ella".

Después de esto, Ivonne pudo ver su vestido, sus zapatos y otros regalos, y toda la familia se alegraba de verla tan feliz y emocionada.

Pasamos 7 maravillosos días juntos, paseamos por la ciudad, el malecón, el Hotel Nacional y otros hermosos lugares. El año nuevo lo celebramos con la familia, una comida especial, toda una bendición. Un día antes del cumpleaños de Ivonne, el 2 de enero, salí de regreso a Guatemala. No dejamos una fecha para nuestra boda, dependía de algunos trámites, me propuse hacer un viaje más para llevar algunos papeles autenticados, pero no fijamos fecha.

Pasaron enero, febrero y marzo y el día 4 de abril tomé vacaciones y viajé para la isla. Pasamos otros maravillosos 12 días compartiendo. Conocí las playas del este, Mar Salado, y otros centros turísticos. Definimos claramente algunos aspectos de nuestra boda y trámites, y haciendo un cálculo somero, fijamos el mes de agosto para la boda.

Hasta ahora las cosas no podían ir mejores. Cuando regresé a Guatemala me encontré con una sorpresa. En mi trabajo se había mudado el proceso de facturación de un equipo de cómputo IBM obsoleto y que estaba presentando fallas, a una red de computadoras personales modernas. Como el departamento que desarrollaba los programas en red ya tenía su directiva, así como el equipo antiguo, también se prescindió de mis servicios. Mi trabajo en esta empresa había sido eficiente, tuve la oportunidad de colaborar en la implementación de los nuevos programas en la red de computadoras. Después de una sesión en la que me puse a las órdenes del gerente de la empresa, y del director del nuevo centro de cómputo, se determinó pagarme un mes extra de salario y las prestaciones de ley. El Señor me bendecía una vez más con poco más de $1,000.00 USD.

La Prueba

Esta noticia, lejos de ser mala, era buenísima. Con el tiempo disponible y el dinero extra, la boda podría ser mucho antes de lo planificado. Me puse a hacer el presupuesto del viaje y de la boda. Al haber pagado algunos compromisos y luego de algunas compras, me di cuenta de que el dinero restante no era suficiente para cubrir el presupuesto mínimo.

La solución era sencilla: podía ponerme a trabajar, pero no consideré correcto empezar a trabajar dos meses, cobrar el salario y después pedir permiso durante un mes. Así que, para no gastarme el dinero reservado para viajar, me puse a trabajar ayudando a Fernando Aldana, un amigo que tenía un taller de mecánica automotriz. Lo que Fernando me pagaba era suficiente para no gastar los ahorros; pero no podía ahorrar y completar el presupuesto.

Los meses siguieron pasando, llegó junio, luego julio y agosto. Hasta aquí no escribí una sola carta a Ivonne; ella se preguntaba qué estaría pasando conmigo. El mes de agosto fue crucial, mientras yo en Guatemala no veía la forma de completar el presupuesto, Ivonne en Cuba, preocupada, oraba al Señor, pero Dios estaba obrando.

Por otro lado, en Cuba, en el mes de agosto de 1994, se atravesaba por una crisis. En medio de esta, muchas personas se arriesgaron a cruzar el estrecho de la Florida para llegar a los Estados Unidos. En esta "crisis de los balseros", como se le llama, las autoridades cubanas hicieron cambios a su política migratoria, por medio de la cual permitían a cualquier persona mayor de 18 años presentar una carta de invitación y tramitar su pasaporte para salida legal del país. De haber viajado antes, hubiera perdido tiempo y dinero, pues Ivonne, que era menor de 21 años, no podía salir del país. Estos cambios migratorios facilitaron los trámites para su salida.

En el mes de septiembre empezaron los milagros: Muchas cosas comenzaron a suceder inesperadamente, pero estaban en la agenda de Dios. En el ministerio de hombres de la iglesia donde no había dejado de servir, estando reunidos el equipo de servidores planificando un evento, Gustavo Martínez me preguntó cuándo iba a viajar para casarme. Sin saber qué responder y pasando algunos segundos me hizo otra pregunta: "¿Es el dinero, verdad?". Continué callado, pero haciendo un gesto de afirmación. Gustavo animó a los hermanos y todos sacaron sus chequeras y sus billeteras y entre todos me hicieron una ofrenda muy generosa. Solo pude alabar a Dios y agradecer ese hermoso gesto; de inmediato lo puse en el fondo para el viaje.

Pocos días después mi madre me hizo un aporte muy generoso en efectivo. Ella se había mostrado escéptica al principio, pero después le fue agradando la idea. Su regalo vino como una confirmación de Dios y como una bendición de parte de ella. Además de eso, me dio los anillos de su matrimonio con mi papá, lo que significó para mí una bendición mucho más grande.

Estaba a punto de alcanzar el presupuesto mínimo para el viaje y la boda. Sin embargo, recortando aún más este presupuesto y confiando en la provisión de Dios, decidí comprar el boleto y prepararlo todo para el viaje. El 10 de octubre sería la fecha de salida y el 24 el día de regreso. En esos días debíamos hacer los preparativos, los trámites de salida y la boda. El domingo 9 de octubre, sirviendo en la iglesia, tuve la oportunidad de hablar con el pastor Harold Caballeros y le pedí sus oraciones, pues al día siguiente salía para Cuba a casarme. "¿Ya tienes todo listo?", preguntó, a lo que respondí que sí. "No te me pierdas", me dijo. "Siéntate donde te pueda ver", agregó.

Fue un servicio lleno de expectación. Alabamos y adoramos al Señor. Pasó el tiempo de anuncios, el tiempo de la ofrenda, luego la predicación. Solo daba gracias a Dios y al final del servicio el pastor anunció mi viaje a la congregación que recordaba el testimonio y glorificaron a Dios llenos de gozo. Luego oraron por mí el pastor y todos los hermanos. Yo agradecía al Señor.

"No te vayas", me dijo Harold, y momentos después el hermano contador de la iglesia se apareció con un sobre. Me lo entregó y el pastor me dijo: "Es una ofrenda de amor, hermano". Seguí dando gracias al Señor y a mis hermanos. Ahora tenía un presupuesto amplio para viajar y para los gastos. El Señor no permitió que me fuera con un presupuesto demasiado corto. Él suplió abundantemente.

LA BODA

Días antes del viaje llamé a Ivonne. Las comunicaciones, además de ser caras, eran muy malas en aquel entonces. Había retardo y mala señal, pero logré informarle la fecha de mi salida y decirle que iniciara los preparativos.

Llegué al aeropuerto José Martí en La Habana. El recibimiento no pudo ser más emotivo. Ambos habíamos pasado meses de incertidumbre y de ansiedad. Pero mi llegada trajo mucha paz y alegría. Pasamos días maravillosos, de largas esperas y colas para trámites, pero de mucha bendición. Cuando tuvimos completados los trámites necesarios y de recibir el consejo pastoral, nos casamos el día 21 de octubre.

La boda fue sencilla. Anita, mi suegra, me acompañó en el altar, mientras Osvaldo, mi suegro, entregaba a su hija en matrimonio. Aquel vestido le vino perfecto, a la medida. Ivonne no podía lucir más hermosa y yo me sentía el hombre más afortunado del planeta Tierra.

Nos presentamos ante Dios, el pastor Alberto González, la familia y muchos amigos para confesar nuestros votos matrimoniales: aquella iglesia estaba llena. Después, en casa, celebramos con toda la familia y algunos amigos. La luna de miel la pospusimos hasta que Ivonne estuviera en Guatemala.

El día 24 de octubre regresé a Guatemala muy ansioso de tener a mi esposa conmigo. Para eso necesitaba trabajar y ahorrar. Entonces oré a Dios por un trabajo y en menos de una semana ya tenía trabajo en el Banco Industrial a partir del 1 de noviembre. ¡Otro milagro más! Así que comencé los trámites y el ahorro para la compra del boleto aéreo de Ivonne y los preparativos para nuestra luna de miel.

La visa guatemalteca para Ivonne

Para 1994, Guatemala y Cuba no tenían relaciones diplomáticas y tramitar una visa para Ivonne sería algo complicado. La Dirección de Migración de Guatemala requería documentos certificados que necesitaban hacerse por vía consular, ya sea de México o Nicaragua, que sí tenían relaciones con Cuba. Para hacer esos trámites necesitaba viajar a cualquiera de los dos países y mucho tiempo y dinero, así que puse el asunto en manos de Dios.

Gloria Chávez, una amiga perteneciente a nuestra congregación, experta en temas migratorios, me consiguió una cita con el director de migración. En la cita expuse mi caso, a lo cual el director y el asesor jurídico dijeron tajantemente que era necesario el trámite de los documentos con todos los pases de ley. Sentí que se derrumbaba todo, que tener a mi esposa conmigo iba a costarme mucho. Después de un suspiro, con un nudo en la garganta, alcancé a decir: "Señores, yo me comprometo a realizar la boda legal en el momento que ella ponga sus pies en Guatemala". No sé cómo se me escaparon esas palabras, ni me imagino la cara que puse. De inmediato el director de migración dijo al asesor jurídico: "Este muchacho está enamorado", y agregó: "Tráeme dos publicaciones de tu matrimonio en el diario oficial y te doy la visa". No lo podía creer. ¡Otro milagro más! Gracias Señor.

Ivonne llega a Guatemala

Después de disfrutar las fiestas de fin de año con sus padres, Ivonne abordó el avión el día 1 de enero, aprovechando el vuelo alquilado que salía cada fin de año.

Las autoridades cubanas hicieron cambios a la ley migratoria que hubieran hecho difícil la salida de Ivonne después del 1 de enero de 1995. Ella tuvo preparado todo antes de la entrada en vigor de estos cambios. Aunque hicimos todo conforme a la ley, pudimos ver una puerta abierta, el tiempo suficiente para hacer los trámites necesarios sin complicaciones.

Tenía dos meses de estar trabajando en Banco Industrial; pedir una semana de vacaciones para nuestra luna de miel era un poco atrevido de mi parte, pero fui honesto con mis jefes y les conté algunos detalles de nuestra boda y cómo Dios había obrado. Después de que ellos tuvieron una sesión privada, el subgerente salió de su oficina y me dijo: "Tienes una semana de vacaciones". Dios es bueno todo el tiempo.

Dios nos dio una semana maravillosa. Ivonne pudo conocer muchos lugares hermosos de nuestra ciudad y Antigua Guatemala. El siguiente domingo asistimos a la iglesia, el pastor oró por nosotros y toda aquella congregación daba gloria a Dios y dio a Ivonne una calurosa bienvenida.

Nuestra preparación

Sabíamos que tantos milagros tenían un claro y definido propósito: prepararnos para el ministerio era ahora la prioridad. Pero ¿dónde?, ¿cómo? Estábamos recién casados y para fortalecer nuestra unión nos inscribimos en un grupo para recibir el seminario de "Matrimonios para toda la Vida" que funcionaba en la iglesia. Pasamos gratos momentos con nuestros mentores, los hermanos Pedro y Claudia Brol. Pensamos en este ministerio como una posibilidad para trabajar en Cuba.

El año 1995 lo tomamos como un tiempo para los dos. Terminamos el seminario de matrimonios. Yo trabajaba en Banco Industrial e Ivonne trabajaba como maestra de preescolar en el colegio de nuestra iglesia.

En enero de 1996 nos encontramos con nuestro amigo y hermano misionero norteamericano Steve Smith. Él y su esposa Linda dirigían el ministerio Vida Cristiana Victoriosa en Guatemala. En la primera conferencia que dieron en nuestra iglesia, yo tuve la oportunidad de servirles con la cámara de video. En el año 1994 recibí consejería y discipulado con Steve. La palabra de Dios me confrontó, los temas fueron un impacto para mi vida, pero no fue sino hasta enero de 1996 que juntos recibimos la primera conferencia. Cuando Ivonne escuchó los primeros dos temas, no tuvo dudas. Este mensaje y ministerio era el que llevaríamos a la isla. Ivonne quedó impactada y, codeándome el brazo, me dijo: "Esto se va para Cuba".

En el mes de marzo de 1996 recibimos una gran bendición: Ivonne estaba embarazada. Nos llenamos de alegría y gozo, esperando a nuestra hija para noviembre.

En mayo de 1996 salí de Banco Industrial y puse mi propia empresa de informática. Como tenía amplia experiencia en la gestión de datos municipales, desarrollé un software para administrar las bases de datos del Catastro Inmobiliario, Rentas Inmobiliarias, Cuentas Corrientes de Consumos de Agua, Contribución por Mejoras y Licencias de Construcción. Era un programa integrado, aún más eficiente que el que funcionaba en ese tiempo en la municipalidad capitalina, y utilizaba la última tecnología de computadoras y programación.

Comencé el desarrollo de los programas e inicié los contactos para su comercialización. Pasaron los meses y nada. Seguí trabajando, haciendo más contactos y nada. Solo recibía buenos comentarios acerca del proyecto y algunas felicitaciones, pero ningún contrato. "Vamos a platicar", me decían los alcaldes, pero nunca contactaban. Las puertas no se abrían por ningún lado. Las finanzas comenzaban a escasear, la empresa prometía sus frutos, pero estos no se dejaban ver por ninguna parte.

Llegó noviembre, nos preparamos para la llegada de nuestra hija, y el día 18 nació Cari Annabella. Fue un parto especial en una clínica de parto natural donde se practica el parto en agua. Una experiencia maravillosa.

Ahora debía trabajar más duro que antes. El presupuesto crecía mientras los ingresos eran escasos. Tenía que hacer algo: la familia estaba creciendo y la visión misionera a

Cuba esperaba. Necesitábamos un milagro financiero, un buen contrato para empezar. Mis responsabilidades aumentaban y también había una misión que cumplir.

El proyecto informático estaba completamente analizado y su desarrollo al 60%. Necesitaba terminar toda la programación, aunque después se hicieran ajustes de implementación. La oferta incluía, además de la venta del software, asesoría, capacitación del personal, venta de equipo y suministros. Estaba muy emocionado con el proyecto; tenerlo totalmente terminado tenía muchas ventajas. Recuerdo que era un 10 de diciembre. Pasaron los días y me di plazo hasta el 31 de diciembre para finalizar toda la programación. Me dediqué exclusivamente al desarrollo del sistema. La promoción vendría después.

Para terminar el proyecto a tiempo, me levantaba temprano y trabajaba hasta las 2 de la madrugada del día siguiente. Un pan con jamón y queso en el almuerzo era todo lo que comía. A veces, alguna merienda. Apenas disfruté las fiestas navideñas: comimos la cena del 24 y a seguir trabajando. Era importante tener el proyecto completo, programado y funcionando.

Llegó el 30 de diciembre cuando, de repente, un dolor intenso comenzó en la parte derecha de mi costado y la espalda. No podía caminar. Algo me estaba pasando. No encontraba explicación al dolor. Mi familia de inmediato me llevó al hospital y quedé interno ese mismo día.

Pasaba el día pensando en un diagnóstico y una cura rápida. Llegó la noche y nada. Los médicos no sabían qué pasaba. Pasé la noche del 30 con una sonda nasogástrica, canalizado con un suero de dextrosa y con muchas preguntas. ¿Qué me está pasando? ¿Por qué, Señor? Llegó el 31 de diciembre y los dolores no cesaban; al contrario, eran cada vez más intensos. Aún no me suministraban medicamento alguno. Nada de analgésicos, y menos un diagnóstico. Deseaba ir a casa a trabajar: tenía un proyecto que terminar, una familia que sostener y una misión por cumplir.

Transcurría el último día del año. Los médicos solo pasaban, me examinaban y seguían de largo. Ni un diagnóstico, y yo anhelando pasar las fiestas con mi familia, comer la cena de fin de año y ver los fuegos artificiales. Las preguntas seguían sin respuesta. De un tiempo de incertidumbre y dolor siguieron momentos de tristeza y enojo. Quería respuestas. "Señor", oraba, "¿por qué estoy aquí?". Recordaba cada una de aquellas prédicas acerca de la prosperidad. Daba los diezmos y ofrendas fielmente. Ofrendaba también mi tiempo sirviendo en el ministerio de hombres, el centro de restauración de alcohólicos, etc. No quería dinero que no fuera de mi trabajo y esfuerzo. Solo pedía al Señor un contrato, por lo menos para ir saliendo de la crisis.

Llegó la noche del 31 de diciembre y mi familia me visitó. Les dije que no se preocuparan por mí, que estaría bien y que fueran a pasar las fiestas en casa. Con Cari recién nacida, no tuvieron otra opción. Esa noche la pasé despierto; por el dolor no podía dormir. Seguí orando al Señor y haciendo las mismas preguntas, todas ellas cargadas de sentimientos de impotencia, tristeza y un poco de enojo. Esa noche clamé al Señor. Me sentía a miles de kilómetros de él, abandonado y hasta reo de algún juicio.

No me explicaba por qué el Señor permitía esto en mi vida.

Amaneció el primer día del año 1997. A las ocho de la mañana era la visita de los médicos. Otra vez me examinaron y nada. Continuaba el dolor y un ardor como quemadura en la piel, pero sin señales de nada. Recibí la visita de mi familia y la de algunos amigos. Recibía sus palabras de ánimo, pero estas no lograban ningún efecto. Deseaba tanto estar en casa con mi familia, y los días en el hospital pasaban sin diagnóstico alguno, sin comer, como si se tratara de un ayuno y un tiempo de retiro.

Llegó la noche. Ya era el tercer día en el hospital. Los médicos callaban y el Señor también. No aguanté más. Oraba con un nudo en la garganta; en un momento me atreví a decirle al Señor: "¿Y no que el que siembra cosecha, pues? Yo he sembrado. ¿Y no que me ibas a enviar a Cuba de misionero? ¿Así? ¿Sin un centavo? ¿Con esta bancarrota y ahora enfermo?". Ninguna lágrima rodó; me resistía a llorar en aquella sala llena de pacientes, aunque las ganas sobraban.

Antes de que me venciera el sueño y el cansancio, en medio de aquel clamor y dolor, escuché aquella voz. Aquella inconfundible voz de mi Señor. Allí estuvo conmigo todo el tiempo. Escuchaba paciente todas mis quejas, y respondió una sola cosa: "Te irás a Cuba con mi dinero, no con el tuyo". Entendí que el Señor haría las cosas a Su manera, no a la mía. Después, un sentimiento de paz inundó mi ser. Surgieron muchas preguntas, pero con más claridad en mi mente. Se fueron la frustración, la incertidumbre y el enojo.

Esa misma noche del 1 de enero, unas vesículas aparecieron en mi costado y espalda. Eran unas ampollas que parecían producto de una quemadura. Tuve que esperar hasta el día siguiente para el examen médico. Cuando fui examinado, los médicos diagnosticaron, me recetaron un antibiótico y me enviaron a casa.

Gracias al Señor, no era nada grave. Fue una condición producida por el exceso de trabajo, poca alimentación y estrés. Compartí con mi esposa las cosas que había hablado con el Señor y cómo me había respondido. Los dos nos quedamos expectantes, oramos y esperamos respuesta del Señor mientras me recuperaba en casa. Dejé el trabajo a un lado y descansé en Dios.

Ya las finanzas se habían agotado. Estábamos en una situación muy difícil. Yo me recuperaba en casa; aunque ya estaba bajo tratamiento, la recuperación fue lenta. El dolor continuaba, pero iba disminuyendo. Llegó el día 20 de enero y recibimos la visita de Steve y Linda Smith.

Nosotros ya habíamos cursado la conferencia y el seminario de entrenamiento ministerial, que consistía en 48 horas clase con un taller en cada encuentro. Teníamos planes de recibir el tercer nivel del ministerio que iniciaba pronto. Los hermanos Smith recién habían llegado de un viaje a los Estados Unidos y se enteraron de mi condición, pero su visita no solamente era por mi salud. Ellos traían una noticia que nos impactó.

Nosotros ya habíamos compartido con ellos nuestro deseo de ir a Cuba como misioneros, pero no mostraban algún interés en el asunto. Así que, en su visita, lo que menos esperábamos fue lo que escuchamos. Nos dijeron: "Queremos entrenarlos para su vida matrimonial, misionera y ministerial. Unos hermanos en los Estados Unidos les apoyarán con $70.00 USD mensuales". ¡Gloria a Dios! Ahora veía más claramente. Era la respuesta a nuestras oraciones. Frente a nosotros estaban dos misioneros con más de 20 años de experiencia en el ministerio, deseosos por entrenarnos. "Para luego es tarde", pensé. Nuestra respuesta no se hizo esperar. "¿Cuándo empezamos?", pregunté. El seminario de Entrenamiento y Discipulado estaba por empezar.

En ese momento no me puse a pensar en los $70.00 dólares. Los dos estábamos ansiosos por iniciar nuestro entrenamiento. Cuando compartimos con Ivonne acerca del apoyo que recibiríamos, nos dimos cuenta de que nos alcanzaría para una semana como máximo. Era poco dinero, pero para nosotros era una fortuna. No solo por el momento que atravesábamos, sino porque era el dinero de Dios. Después de orar y dar gracias, recibimos de Dios que este era solo el principio; Él nos proveería más. Recordé las palabras del Señor: "Te irás a Cuba con mi dinero, no con el tuyo".

Iniciamos nuestro entrenamiento

Cuando empezó nuestro entrenamiento ministerial y misionero, esperábamos recibir algunas clases de teología, las clases del ministerio u otro material. Pero los planes de Dios eran diferentes. Para nuestra ventaja, el ministerio estaba mudando sus oficinas a 5 cuadras de nuestra casa, así que estábamos a la mano. Ayudamos en el traslado del mobiliario, la limpieza de la casa y la colocación de algunos muebles. Los próximos días nos esperaban con bastante trabajo. Estábamos muy emocionados con Ivonne. Ella trabajó con Linda en la decoración, limpieza y el toque femenino del lugar. Con Steve hacíamos el trabajo sucio y pesado.

Uno de esos días, estando aún en labores por el traslado, Steve y yo limpiábamos un patio en el cual había un drenaje pluvial atascado, lleno de basura, hojas, tierra y lodo. Era necesario meter la mano y sacar lo que causaba la obstrucción. Steve, dándome un guante, me pidió que lo limpiara señalando el hoyo en el piso del patio y, dando la vuelta, se fue. Me quedé solo, pero no tan solo. El Señor se quedó allí conmigo. Con su dulce voz me preguntó: "¿Querías servirme, Luis?". Lo imaginé señalando al drenaje tupido. Fueron segundos, pero pareció una eternidad. Y volvió a preguntar: "¿Querías servirme?". Le respondí: "Señor, tú metiste tu mano en la porquería del pecado para sacarme a mí, ¿por qué no voy a hacer esto por ti?". De rodillas, sin guante, metí la mano y, sin poder ver lo que agarraba, saqué toda la basura y el fango que tapaba el drenaje. No fue algo agradable, pero sentí un gran gozo sabiendo que el Señor me había llamado a su servicio.

El entrenamiento fue lo que menos esperábamos para nuestra formación misionera y ministerial, pero fue lo mejor que nos pudo haber pasado. Recibimos muchas clases y mucha teología, pero básicamente recibimos mucha confrontación amorosa, muchas sesiones de arrepentimiento y de oración, todas con abundante afirmación y aliento. A nuestros discipuladores no se les escapaba nada. Eran muy observadores, muy firmes pero amorosos.

Pasaron los meses y, como Dios lo había prometido, las finanzas empezaron a llegar. Teníamos muchos y especiales amigos que comenzaron a ofrendarnos. Pensamos que era de manera ocasional, pero mes a mes nos compartían la ofrenda. En menos de 8 meses ya contábamos con ingresos superiores a los $350.00 dólares. Con Ivonne nos sentíamos muy comprometidos a trabajar en el ministerio. Recibir dinero así por así no era fácil para mí, de tal manera que me entregué por completo al servicio del Señor y a aprender todo lo que pudiera.

Mi madre y mis hermanos no estaban tan contentos con la noticia. No podían entender que viviéramos por fe, aunque al principio yo tampoco lo entendía, pero fuimos caminando según nos guiaba el Señor. Pasamos meses con un presupuesto inferior al necesario, pero el Señor siempre suplía de maneras extraordinarias. Recuerdo que, en mis primeros pasos en el discipulado bíblico, un discípulo me compartía su situación financiera; pasaba por una crisis, pero al final de la sesión oramos y sacó Q. 20.00 quetzales, unos $3 dólares, y me los dio. Luego de darle las gracias y despedirlo, fui corriendo a comprar pan, huevos, frijoles y leche. Como el pueblo de Israel en el desierto, hasta los únicos zapatos que tenía duraron mucho más de lo esperado. Con mi esposa bendecíamos continuamente el nombre del Señor, y Él se glorificaba de continuo en nuestras vidas.

Las personas que nos apoyaban mantenían un contacto continuo con nosotros, lo que les permitía ver nuestro compromiso y entrega total al servicio. Más adelante, otros amigos menos cercanos al ministerio comenzaron a apoyarnos, y empezamos a escribir nuestra carta informativa para rendir cuentas de nuestra labor ministerial y los avances en nuestro entrenamiento misionero. Nos deleitábamos constantemente sirviendo al Señor.

Nosotros no enseñábamos en las conferencias; mi trabajo consistía en preparar las condiciones en el local donde se llevaría a cabo la actividad. Colocaba el retroproyector y la pantalla, entregaba los manuales, y al final recogía todo y lo llevaba de regreso a la van Chevrolet de Steve.

En el ministerio colaboraban preciosos hermanos, excelentes maestros de quienes aprendí mucho. Me gozaba escuchando las enseñanzas de Gustavo Bianchi, Mónica José de Polanco, Lucky Mazariegos y otros hermanos. Con mucha avidez tomaba nota de sus ilustraciones, testimonios y aspectos clave de sus enseñanzas. Mi manual de la conferencia estaba lleno de apuntes y versículos. Esperaba ansioso el momento de enseñar, pero este no llegaba. Mientras tanto, hacía mi servicio como para el Señor, con toda diligencia y amor. Ivonne, por su parte, se entrenaba sin dejar de lado sus labores como esposa y madre.

Así fueron pasando los meses de nuestro entrenamiento, sirviendo, aprendiendo y haciendo discípulos. Al ministerio asistían algunos hermanos en busca de ayuda. Tuve la bendición de trabajar con algunos de ellos y empezar a ver los hermosos milagros que Dios hacía en sus vidas. Aprendí a escuchar, a ser sensible a las profundas necesidades de las personas y a dar la palabra correcta y a su tiempo, viendo a la vez profundas transformaciones en ellos. Uno de esos discípulos tenía cuatro años visitando a un psicólogo. Su situación no mejoraba. Al iniciar el discipulado, abandonó sus sesiones de psicoterapia y cuatro meses después, su esposa, muy emocionada, decía: "Mi esposo es otro", "El Señor lo ha cambiado". Este hermano estaba lleno de gozo, Dios lo había transformado totalmente. Fue maravilloso ver varias transformaciones durante estos tiempos de discipulado en Guatemala.

En marzo de 1998 hicimos un viaje a Cuba con Steve y Linda Smith. Sería un viaje para compartir la palabra de Dios y visitar a la familia y amigos. Lo hermoso fue que 10 días antes de viajar no contábamos con un solo dólar para el viaje. Habíamos compartido con algunos amigos acerca de este viaje, y de que aún regresaríamos a Guatemala para continuar con nuestro entrenamiento, pero no conseguimos fondos para la compra de los boletos y gastos de viaje. De repente, recibí unas llamadas de amigos que me pedían no ir de viaje sin verlos. Acordamos una cita y, para nuestra sorpresa, los fondos comenzaron a llegar. Incluso amigos que no habíamos abordado con tal fin nos apoyaron financieramente. La Iglesia El Shaddai hizo un importante aporte. Un día antes del viaje teníamos boletos aéreos y gastos de viaje para Ivonne, Cari y para mí. Ivonne tenía seis meses de embarazo; esperábamos el nacimiento de nuestro hijo David Osvaldo.

Steve y Linda estaban al tanto de todo esto y, al ver las respuestas tan asombrosas, solo glorificaban a Dios y nos decían: "Ustedes están llamados al ministerio".

El día 10 de mayo se celebra en Guatemala el Día de las Madres, y ese mismo día llegó a nuestras vidas David Osvaldo, nuestro hijo varón.

En octubre del año 1998 me gradué del Seminario de Entrenamiento y Discipulado de Vida Cristiana Victoriosa – Guatemala. Me sentía mejor preparado para iniciar nuestro ministerio en Cuba, pero al hablar con Steve de nuestra salida, él me dijo que necesitaba un año más de entrenamiento. Además, Ivonne no estaba graduada, por lo que entendí. Estaba tan ansioso de llegar a Cuba, sabía que era el plan de Dios y que Él haría maravillas.

Un año más tarde, hablé de nuevo con Steve acerca de nuestra salida a Cuba. Pensaba que nuestra preparación estaba completa, aunque Ivonne no estuviese graduada, ya había culminado el tercer nivel del ministerio. Steve volvió a decir que necesitábamos un año más. A mí me preocupaba que mis hermanos que apoyaban financieramente nuestra visión misionera nos vieran tanto tiempo en Guatemala sin partir.

A mediados del año 1999, Steve y Linda hicieron otro viaje a Cuba. Compartieron la Palabra en un campamento de la Iglesia de la Biblia Abierta y trajeron fotos y bellos testimonios del viaje. Esta vez nosotros nos quedamos en Guatemala trabajando en el ministerio. En enero del año 2000, Armando y Liset, dos amigos cubanos, llegaron a Guatemala para ser entrenados y para que trabajáramos juntos en Cuba.

Nuestra salida a Cuba

Pocos meses después, hablando con Steve y Linda sobre nuestra salida a Cuba, les dije que, si ellos querían, nos quedaríamos en Guatemala. Aunque no éramos los mejores maestros del ministerio, sí éramos los que les servían de tiempo completo. Quizás valoraban mucho nuestro servicio del cual no querían prescindir, y si así era, pues nos quedaríamos. También les expresé mis dudas sobre cómo hablar con nuestros patrocinadores acerca del cambio de acción. Ivonne y yo estábamos dispuestos a hacer la voluntad del Señor sin hacer objeción alguna. Que sea la voluntad de Dios y no la nuestra.

Inmediatamente, después de cruzar entre ellos unas palabras en inglés, nos dijeron: "Arreglen sus cosas y cuando estén listos vayan para Cuba". Con Ivonne no lo podíamos creer, nos miramos asombrados. Después de que estuvimos dispuestos a quedarnos en Guatemala si era la voluntad de Dios, el Señor nos enviaba a Cuba.

De inmediato iniciamos los preparativos. Necesitábamos recaudar los fondos necesarios para cuatro boletos aéreos, gastos de viaje, gastos de instalación y otros. Pusimos a la venta algunos enseres y buscamos el apoyo de algunos amigos. Algunos de ellos, sin saber que pronto viajaríamos, nos llamaron para decirnos que tenían una ofrenda para nosotros. Fue asombroso ver el mover de Dios proveyendo las finanzas. Incluso el día de nuestra salida, varios amigos fueron al aeropuerto a despedirnos, nos dieron ofrendas y nos agradecieron por el discipulado que les brindamos.

VIDA CRISTIANA VICTORIOSA EN CUBA

Llegamos a Cuba con mucha alegría y gran expectativa el 20 de agosto del 2000. Sabíamos que tantos milagros eran el propósito de Dios para algo grande en Cuba. Iniciamos las operaciones del ministerio junto con el ciclo escolar en el mes de septiembre. Comenzamos en la iglesia de la Biblia Abierta de Rancho Boyeros, donde pastoreaban los hermanos Alberto Carlos González y su esposa María de Jesús Tejeda.

Con el paso de los meses, se fue esparciendo la noticia del ministerio. Comenzaron a llegar líderes y pastores de otras iglesias de Provincia Habana para recibir el entrenamiento en Discipulado Personal y Consejería Bíblica, y también muchas personas buscaban directamente el discipulado personal. Dios comenzó a hacer milagros en muchas vidas. También iniciamos nuestra conferencia en varias iglesias, ayudándonos con unas transparencias y un retroproyector, tal como lo hacíamos en Guatemala.

Recuerdo que algunos amigos en Guatemala, cuando les compartí sobre mi llamado misionero a Cuba, me dijeron que estaba loco y pronunciaron palabras desalentadoras. Sin embargo, en todo momento supe que era la voluntad de Dios y lo mejor que alguien puede hacer es "estar en la voluntad de Dios".

Curiosamente, de aquellas 40 personas que hicimos el viaje misionero en 1993, solo yo realicé una labor permanente, y ni siquiera tenía los medios para ese viaje. ¡Dios lo hizo!

Nuestros 20 años en la isla

Haría falta otro libro para contar toda nuestra experiencia en Cuba. Ha sido una aventura maravillosa llena de milagros, retos y fe. En el año 2002 me fue otorgada residencia permanente en el país. Cuando las autoridades migratorias me preguntaron sobre cuáles serían mis actividades en la isla, respondí: "Predicar el Evangelio de Jesucristo". Después de recibir tres felicitaciones de funcionarios, me dijeron: "Su residencia ha sido aprobada, bienvenido a Cuba". ¡Dios abre las puertas!

Iniciamos las operaciones del ministerio Armando y Liset Díaz, mi esposa y yo. Luego, se fueron agregando al equipo ministerial varias personas a quienes entrenamos. Con el paso de los años, unos salieron y comenzaron su ministerio como pastores y evangelistas, y se incorporaron a nuestro equipo otras personas que, después de entrenadas, también salieron a servir.

Hasta el año 2020, el ministerio impartió su entrenamiento de más de 12 horas de clase en más de 400 iglesias. Visitamos varias veces todas las provincias del país y la Isla de la Juventud. Llegamos a 43 denominaciones cristianas de 53 que operan en el país, lo cual revela las puertas abiertas que tuvimos en las iglesias cubanas.

Tuve el privilegio de dar el discipulado personal a cientos de personas, de ellas, más de 20 ahora ejercen el ministerio cristiano como pastores, evangelistas y maestros. También, más de 20 pastores acudieron en busca de discipulado y sus ministerios fueron bendecidos.

Dimos entrenamiento en discipulado personal y consejería bíblica a más de 900 pastores, líderes y capellanes, capacitándolos en el ministerio. Aún no salgo de mi asombro por lo que el Señor hizo y sigue haciendo en Cuba.

Estamos profundamente agradecidos con Dios por el privilegio que nos ha dado y agradecemos a todas aquellas personas sin las cuales no hubiera sido posible esta misión. Su apoyo en oración y sus ofrendas nos llenaron de aliento en momentos difíciles.

Damos toda la gloria y la honra a Dios, quien continúa capacitando a sus siervos para la obra del ministerio.

Estimado lector, si aún no has entregado tu vida a Jesucristo, quiero animarte a que lo hagas. Tener una relación personal con Él es lo más maravilloso y gratificante que puedas experimentar. Él puede guiarte y usarte, pues si lo hizo con alguien como yo, cuánto más podrá hacer también contigo.

Puedes orar así:

"Señor Jesucristo, yo creo que Tú eres el Hijo de Dios, que derramaste tu sangre en la cruz del Calvario para el perdón de pecados, y que resucitaste al tercer día. Me arrepiento de mis pecados y te pido que vengas a morar en mi vida y seas mi Señor y Salvador. Gracias por tu perdón. Enséñame a hacer tu voluntad y lléname de tu Espíritu Santo. Amén."

Una cordial Invitación

Estimado lector:

Queremos agradecer tu apoyo a la labor que aun llevamos a cabo en Cuba. Desde el estado de la Florida, Estados Unidos donde tenemos un trabajo de medio tiempo, continuamos apoyando la labor en la isla. Con el código QR a continuación podrás tener acceso a nuestro canal de YouTube. Allí compartimos varios videos con testimonios breves de nuestro entrenamiento en Guatemala y nuestra labor misionera en Cuba.

Te invitamos a suscribirte y a que compartas estos videos en tus redes sociales. De esta manera estás colaborando para que la obra en Cuba continúe expandiéndose y nuestro mensaje pueda seguir transformando muchas vidas. Además, contribuye a que tu servidor pueda realizar viajes frecuentes para impartir entrenamiento a pastores y líderes, así como proveer recursos y suministros para las operaciones del ministerio Vida Cristiana Victoriosa – Cuba y la labor de varios siervos de Dios.

Gracias por tu Apoyo

Made in the USA
Columbia, SC
24 October 2024